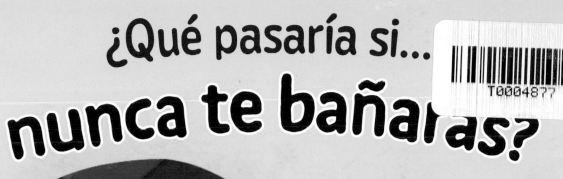

¿Qué pasaría si...
nunca te bañaras?

por
Thomas Kingsley Troupe

ilustrado por
Anna Mongay

ILLUSTRATED

Publicado por Amicus Learning, un sello de Amicus
P.O. Box 227, Mankato, MN 56002
www.amicuspublishing.us

Editora: Rebecca Glaser
Diseñador: Lori Bye

Cataloging-in-Publication data is available from the Library of Congress.
Library Binding ISBN: 9781645496106
Paperback ISBN: 9781645498568
eBook ISBN: 9781645496403

Impreso en China

ACERCA DEL AUTOR

Thomas Kingsley Troupe es autor de más de 200 libros infantiles. Cuando no está escribiendo, le gusta leer, jugar videojuegos y acordarse de cuándo fue la última vez que se bañó. Thomas es experto en tomar siestas y vive en Woodbury, Minnesota, con sus dos hijos.

ACERCA DE LA ILUSTRADORA

Anna Mongay nació en Barcelona, España. De niña, le gustaba dibujar, andar en bicicleta y correr por las montañas. Después de estudiar bellas artes y escenografía en la Facultad de Bellas Artes de Barcelona, ahora, vive y trabaja como ilustradora y maestra en Pacs del Penedès, España.

Anna extiende su reconocimiento a la fallecida Susana Hoslet, colega ilustradora, por su contribución a las ilustraciones de esta serie.

Pasa cada tantos días. Tus padres quieren que te bañes. Tú no quieres hacerlo PARA NADA. ¿Para qué? Si te vas a volver a ensuciar.

¿Qué pasaría si nunca te bañaras?

Después de pocos días, puede que empieces a apestar. Aceites, bacterias y gérmenes pueden empezar a acumularse en tu piel. Las bacterias combinadas con el sudor son una receta para el mal olor corporal. ¡Tus amigos y familiares empezarán a notarlo!

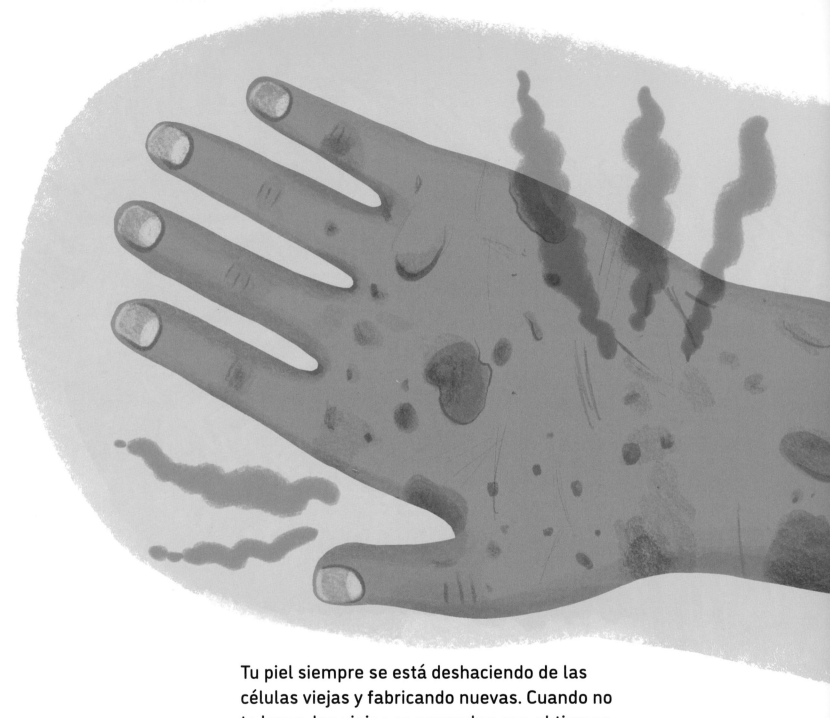

Tu piel siempre se está deshaciendo de las células viejas y fabricando nuevas. Cuando no te lavas, las viejas se acumulan con el tiempo.

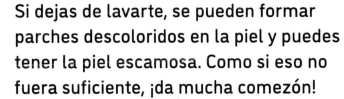

Si dejas de lavarte, se pueden formar parches descoloridos en la piel y puedes tener la piel escamosa. Como si eso no fuera suficiente, ¡da mucha comezón!

¿Ves esos puntitos? ¡Eso es acné, también conocido como barros! Cuando la suciedad y las células muertas de la piel se acumulan, se tapan los poros.

Los poros obstruidos no dejan que salgan los aceites de la piel. Se forman esos bultitos desagradables.

Los pies pueden oler mal incluso si te bañas. Cuando dejas de lavarte, ¡se ponen peor! Entre los dedos de los pies sucios y sudorosos pueden crecer hongos. Puedes contraer una infección como el pie de atleta. Se te puede agrietar la piel.

¡Las infecciones en los pies pueden provocar piel que se descama, forúnculos e incluso un sarpullido escamoso!

Sin lavar, el pelo tendrá feo olor y se pondrá grasoso. Se acumulan aceites en tu cabello. Las células de la piel se acumulan en el cuero cabelludo. ¡Esto hace que te de mucha comezón en la cabeza! Las pequeñas hojuelas de piel que caen pueden parecerse a la nieve, pero no lo son. ¡Se llama caspa!

Tus amigos ya han empezado a notar tu olor corporal y tu cabello grasoso. Cuando les pides a tus amigos que jueguen contigo, ¡te cierran la puerta!

Después de todo este tiempo sin bañarte, tendrás comezón por todo el cuerpo. La comezón hace que te rasques. Tal vez te rasques tanto que te lastimes la piel.

¡Ten cuidado si te raspas la rodilla! No es bueno tener la piel lastimada si el cuerpo está sucio.

Todas las bacterias malas de tu cuerpo pueden entrar al torrente sanguíneo. ¡Podrías contraer una infección!

Es solo cuestión de tiempo. Estar cubierto de grasa y suciedad hará que te enfermes. Tu cuerpo no puede luchar contra todos los bichos y bacterias que tienes encima. Se te meterán en la boca, los ojos, la nariz y las heridas.

Por no bañarte, te puede dar un resfriado o algo mucho peor. ¿Vale la pena?

De pronto, bañarte parece una muy buena opción. ¡No querrás estar apestosa, sucia o enferma!

Te metes a la tina. Te frotas
con mucho jabón.

¡Asegúrate de no saltarte ninguna parte!

¡Estás impecable! Te sientes genial. No solo tienes limpios la piel y el cabello, sino que además te sientes relajada. Incluso si te vuelves a ensuciar, con un baño se arregla.

Entonces, ¿qué pasaría si
nunca te bañaras?

¡Nada bueno!

Consejos para mantenerte limpio

1. **Primero, enjuágate.** Quitarte parte de la mugre antes de bañarte mantendrá el agua casi limpia.

2. **Para bañarte, no uses agua demasiado caliente.** Debe estar tibia o ligeramente caliente. El agua demasiado caliente puede quemar o resecar la piel.

3. **Ten cerca una toalla.** No es bueno salir empapado de la tina. Podrías resbalar y lastimarte.

4. **¿No te gusta que te entre jabón a los ojos?** ¡Pídele a los adultos que te consigan un champú libre de lágrimas por si acaso se te mete un poco en los ojos!

5. **¿Necesitas saltarte un día?** No hay problema. Bañarse un día sí y un día no está perfecto. Después de todo, un poco de tierra no te hará daño.

6. **¡No te olvides de los pies!** No alcanza con solo mojarte los pies para limpiarlos. Limpia entre los dedos y también restriega las plantas de los pies.

Datos curiosos

¿¿¡QUÉ?!?
Los seres humanos están cubiertos de aproximadamente 1.000 tipos de bacterias y 80 tipos de hongos.

¿EN SERIO?
Cada minuto del día, nuestros cuerpos pierden aproximadamente entre 30.000 y 40.000 células de piel muerta.

¡¡ES VERDAD!!
Bañarse en grupo sigue siendo popular actualmente en lugares como Turquía.

¿ES BROMA?
El sudor no apesta. En sí mismo, no tiene olor. La mezcla de sudor y bacterias puede hacer que alguien huela bastante mal.

¿EN SERIO?
Durante la peste negra, en el siglo XIV, la gente creía que bañarse propagaba la enfermedad. ¡Mucha gente dejo de bañarse totalmente!

¡ES VERDAD!
En la antigua Roma, la gente se bañaba en público. Los baños eran como centros comunitarios donde la gente se reunía a pasar el rato y conversar (y limpiarse).

Glosario

acné: Bultos rojos sobre la piel causados por poros tapados.

bacterias: Criaturas unicelulares, microscópicas, que viven dentro y fuera del cuerpo.

caspa: Hojuelas secas de piel en el cuero cabelludo.

cuero cabelludo: La parte de la cabeza donde crece cabello.

escamosa: Que se descama, granulosa y áspera o seca.

forúnculo: Una inflamación dolorosa en la piel que está llena de pus.

hongos: Un crecimiento que vive dentro o sobre las plantas o animales.

infección: Una enfermedad que sucede cuando los gérmenes entran al cuerpo.

poro: Una abertura diminuta en la piel.